ZENHERZ

von

Hozumi Gensho Roshi

Aus dem Japanischen übersetzt
und bearbeitet von
Toshiko Miyazaki und Dorin Genpo Osho

Zen-Edition
Verlag für Zen-Buddhismus
Zell am Main

Die Originalausgabe erschien unter dem Titel
Zen no kokoro
im Selbstverlag des Tokoji, Kyoto
Mit 2 s/w-Photos und 3 Kalligraphien
Umschlagabbildung und Frontispiz: Kalligraphie Sho Shojin (Das Aufbieten aller Kräfte [beim Gehen des Weges] in die richtige Richtung) von Hozumi Gensho Roshi
Der Text dieses Buches folgt den neuen Regeln der deutschen Rechtschreibung.

Tel./Fax: 0931/4 67 54 78, email: Zen-Edition@t-online.de

Umschlaggestaltung: Susanne Fendler u. Michael Schön
Satz: Michael Schön
Druck: Druckerei Dieter Körner Würzburg
Printed in Germany
ISBN 3-934209-01-7

ZEN Verlag für Zen-Buddhismus

Edition

Sho Shojin
(Das Aufbieten aller Kräfte [beim Gehen des Weges]
in die richtige Richtung)
Kalligraphie von Hozumi Gensho Roshi

Inhalt

Der moderne Mensch

Das Leben gleicht dem fließenden Wasser. Es läuft nie rückwärts.

Was sucht der hektische, moderne Mensch innerhalb seines begrenzten Lebens?

Sucht er Eitelkeit?
Entwicklung?
Sein leeres Herz?

Lobgesang auf das Hannya Shin Gyo (Herzsutra)

(von Dr. Hidemi Ogasawara)

Was Form hat, muss vergehen.
Das gilt für die Blumen ebenso wie für den Menschen und seine Paläste.
Was ohne Form ist, weiß nichts vom Vergehen.
Ebenso trifft dies auf die Leere und die Himmel zu.
Das Herz, das die Vergänglichkeit durchschaut, wird leer.
Da es nicht an vergänglichen Dingen haftet, gibt es ihnen keinen Raum.
Wie die blauen Himmel
ist das leere Herz grenzenlos.
Es wird weder mehr noch weniger.
Es hängt nicht am Daseinskreislauf
und verliert so die Befangenheit und Angst
im Leben zu stolpern.
Das leere Herz lässt alle Ängste los.
Wie die Sonne, welche die jungen Blätter bescheint,
diese entwickelt und aufzieht,
so lässt das leere Herz alles zu und zieht alles auf.
Es ist grenzenloses Licht und grenzenlose Freude.
Selbstlose Reinheit.
Das fröhliche leere Herz!
Die herzliche Wärme des Lichtes der Leere!

Was bin ich?

Zazen schreibt man 坐禅. Das Schriftzeichen 坐 besteht aus zwei Menschen 人 人, die zusammen auf der Erde 土 sitzen. Wer sind diese beiden Menschen? Diese beiden sind ich und ich. Auf dem Boden begegnen wir uns selbst und schauen in unser Innerstes. Das ist Zazen.

Es gibt zwei Menschentypen. Die einen streben nach der Wahrheit, die anderen verbleiben in Unwahrheit. Zu welchem Typ man gehört (welcher Typ man ist) das weiß man selbst am besten. Manchmal kann es auch bei guten Menschen vorkommen, dass sie, vielleicht aufgrund ihres schwachen Willens oder ihrer starken Begierde, etwas Falsches tun und in die falsche Richtung laufen. Zwar sagt die Lehre des Buddha sehr deutlich, dass man "das Gute tun und das Schlechte nicht tun" sollte, und doch, obwohl das einfach zu verstehen ist, fällt es uns gelegentlich schwer, Gutes zu tun und Böses zu lassen.

Shigen Osho, ein Zenmeister im alten China, lebte im Zuigon-Tempel. Er sagte jeden Tag mit lauter Stimme zu sich selbst: "Mein Herr!" und antwortete: "Ja!" Dann fragte er: "Bist du wach?" "Ja!" antwortete er sich laut. "Dann lass dich nicht betrügen!" gab er sich zurück. "Nein, nein!" meinte er dann. Er fragte sich selbst und antwortete sich selbst - ein sehr merkwürdiger Osho.

Seine Frage war eigentlich: Was bin ich? Was mache ich jeden Tag? Wozu lebe ich? Das fragte er sich jeden Tag und gab sich auch die Antwort darauf.

Man bejaht selbst und verneint selbst. Das darf ich, das darf ich nicht machen. Es wäre gut, wenn ich dieses oder jenes tun würde. Soll ich den Weg gehen? Nein, ich gehe doch einen anderen! Ob ich studieren soll? Nein, besser ich suche mir gleich eine Arbeit. Wir kommen immer wieder in die Verlegenheit, eine Entscheidung treffen zu müssen. Manchmal bekommt man dann einen Rat von seinem Lehrer, von seinen Kollegen oder aus der Familie. Dieser Ratschlag ist aber nicht das Ergebnis unserer eigenen Überlegung. Wir werden irgendwann feststellen, dass wir selbst entscheiden können und müssen, wie wir unser Leben gestalten wollen. Deshalb ist es notwendig, den "wahren Herrn" in uns zu finden.

Das wahre Ich

Der Begründer der Rinzai-Zen-Schule, Rinzai Gigen Zenji, lebte im 9. Jahrhundert nach u.Z. in Nord-China. Er steht in dem Rufe, ein besonders strenger Lehrer mit scharfer Zunge gewesen zu sein. Tatsächlich hat er nur klar und deutlich auf die Wirklichkeit hingewiesen. Er bemerkte einmal während eines Vortrages:

"In diesem Körper, dieser Masse rötlichen Fleisches, existiert etwas, der wahre Mensch ohne Rang und Namen, das wahre Ich mit absoluter Freiheit, das nirgendwo haftet. Wer das noch nicht bemerkt hat oder ihm noch nicht begegnet ist, mache die Augen auf!"

Dieser wahre Mensch ist immer gegenwärtig. Körper und Geist wirken auch im Alltag zusammen, beim Essen, auf dem Weg in die Schule oder in die Arbeit, auch im Bett. In diesen Aktivitäten lebt "das wahre Ich". Weil wir uns dieses "wahren Ich´s" nicht bewusst sind, können wir uns nicht retten. Wird man sich des "wahren Menschen" bewusst und erfasst ihn, wird das Leben einfach. Um dorthin zu gelangen, bedarf es großer Mühen und Anstrengungen. Die eigenen Begierden und Illusionen auszulöschen ist sehr schwierig. Wenn man jedoch (subjektiv) das eigene Herz ansieht und es, ohne Begierde und ohne Illusion, mit der (objektiven) Welt eins werden lässt, findet man zu seinem wahren Ich und zur absoluten Unabhängigkeit.

Falls jemand diesen freien Gemütszustand verwirklicht hat, der aus dem Absoluten ("Mu") ohne Anhaften erfahren wird, bitte ich ihn, die heutige Gesellschaft genau anzusehen und dann sein schöpferisches Selbst wirken zu lassen. Meister Rinzai sagt: "Wenn man an jedem Ort über sich selbst Herr ist und sein wahres Ich erkannt hat, dann steht man auf dem Boden der Wahrheit." Der "Herr" ist nichts anderes als unser schöpferisches Subjekt. Das ist der wahre Mensch ohne Rang und Namen. Er zeigt sich im Dasein des wahrhaftigen Selbst. Gibt es unser "Ego" nicht, dann findet unser wahres Selbst Raum zu wirken. Das "wahre Ich" existiert nicht außerhalb unseres Alltags, es hat seine Arbeitsstelle in unserem täglichen Leben.

Man lebt heute

Der berühmte Schwertmeister Tesshu Yamaoka hat uns ein Gedicht hinterlassen:

Es ist gut, wenn die Sonne scheint.
Es ist auch gut, wenn es wolkig ist.
Die Gestalt des Berges Fuji
verändert sich deswegen nicht.

Im Mumonkan finden wir einen Satz von Meister Unmon: "Jeder Tag ist ein guter Tag!" Im Leben gibt es nicht nur Gutes oder nur Schlechtes. Die Situationen, die wir erleben, sind unterschiedlich. Ein guter Tag ist für uns angenehm und leicht zu akzeptieren. Ein Tag mit unangenehmen Erfahrungen macht uns unglücklich. Sollten wir nicht Ryokan Osho´s Worte beherzigen, die seine Haltung vortrefflich ausdrücken: "Wenn du vom Unglück getroffen wirst, triffst du das Unglück und alles ist in Ordnung. Wenn du krank wirst, erfährst du deine Krankheit, auch dann läuft alles gut. Wenn deine Zeit zum Sterben gekommen ist, stirbst du, dann gibt es keine Probleme." Mit dieser Haltung ist jeder Tag gut für uns.

Aber im Alltagsleben geschehen viele unvorhergesehene Dinge. Egal wo wir sind, in der Familie, in der Schule oder in der Gesellschaft, wir haben immer mit anderen

Menschen zu tun und können manches nicht alleine schaffen. Wir können im Zusammenleben mit anderen erfahren, dass es nicht reicht, wenn man es nur sich selbst gut gehen lässt. Wenn wir uns vom Egoismus bestimmen lassen, wird kein Tag gut.

Die Lehre Buddhas erklärt es so: Bevor man sich selbst schützt, schützt man die anderen. Die anderen schützend, schützt man sich selbst. Wenn diese Art zu leben für einen selbstverständlich geworden ist, versteht man, dass die Probleme der Gesellschaft die eigenen sind. Würde jeder einzelne so denken und bei sich anfangen die eigenen Probleme zu lösen, dann käme es zum Frieden zwischen den Menschen. Jeden guten Tag dankbar mit allen anderen Wesen teilen, mit anderen friedlich zusammen sein, so erlebt man Glück. Bis wir das wirklich verstanden haben und in unser Leben umsetzen können, benötigen wir asketische Übung und vor allem die Einstellung, jeden Tag wichtig zu nehmen.

Dogen Zenji sagt dazu: "Buddhas Weg zu folgen bedeutet, sich selbst kennenzulernen. Sich kennenzulernen bedeutet, sich selbst zu vergessen. Wenn man sich selbst vergessen hat, erfährt man die universellen Zusammenhänge, die Gesetzmäßigkeiten des Daseins. So fallen Körper und Geist ab." Wer diesen Gemütszustand erreicht hat, für den ist es möglich, "jeden Tag als guten Tag" zu durchleben.

Das Leben der Blumen

Im Mumonkan finden wir folgendes Gedicht:

Viele hundert Blumen im Frühling,
der Mond im Herbst,
eine kühle Brise im Sommer
und Schnee im Winter.
Wenn in deinem Geist keine Wolke schwebt,
dann ist jede Jahreszeit für dich gut.

Im Frühling blühen viele Blumen auf einmal. Farbenpracht überall, auf dem Berg und auf der Wiese. Wir können die Lebenskraft der Natur spüren. Verschiedene Farben und Formen schmeicheln unseren Sinnen, unser Gefühl wird mild. Es gibt große und kleine Blumen. Die kleinen Blumen, die am Wegesrand stehen, leben mit all ihrer Kraft, ob sie jemand sieht oder nicht.

Ich erinnere mich immer an ein Gedicht von Shibayama Zenkei Roshi, der Abt des Nanzenji Klosters war:

Eine Blume lehrt ohne Worte

Blüten blühen im Schweigen
und fallen im Schweigen.
Sie kehren nie wieder an die Zweige zurück.
Doch bis zu diesem Moment,
an dieser Stelle, setzen sie ihr Leben ein.
Hören Sie die Stimmen der Blüten.
Eine Blüte am Zweig enthüllt uns die Wahrheit.
Die Freude des unsterblichen Lebens
strahlt an dieser Stelle ohne Reue.

Welch wunderbares Gedicht.

Blumen und Blüten haben ein kurzes Leben. Das Leben der Menschen ist auch kurz. Wenn ein Mensch richtig alt wird, dann wird er etwa einhundert Jahre alt. Sehen wir uns die Blumen im Wechsel der Jahreszeiten an - und üben wir Schweigen! Wir sollten nicht von unbedeutenden Dingen gefesselt werden, sondern alles überflüssige vergessen und die Blumen betrachten. Schließlich ist jede Jahreszeit für den Menschen die beste.

Ruhige Felsen, von weißen Wolken umgeben

Auf dem hohen, unwirtlichen Steinberg
habe ich meine Wohnstatt gefunden.
Nur Vögel sind auf diesem steilen Pfad anzutreffen,
die Spuren der Menschen enden hier.
Was existiert außerhalb meiner Hütte?
Weiße Wolken umhüllen die ruhigen Felsen.
Ein schönes Leben.
Jahr für Jahr erlebe ich den Wechsel
vom Frühling zum Winter.
Man trifft sich zur Unterhaltung
in der Festhalle.
Der falsche Ruhm ist sicherlich nicht zu gebrauchen.

Dieses Gedicht stammt aus dem "Kansan-shi". Es beeindruckt mich sehr. Im "Kansan-shi" findet man die Schriftzeichen "Weiße Wolken" sehr oft. Kansan liebte diese weißen Wolken offenbar sehr. Ein großer Felsen, tief in den unzugänglichen Bergen. Hoch oben lebte er einsam und hielt sich von der Welt fern. Vielleicht konnten nur deshalb die weißen Wolken seine Freunde sein. Kansans Gedichte über die weißen Wolken beschreiben seinen Gemütszustand, der mit dem Satori im Zen identisch ist. Wenn wir uns mit seinen Gedichten beschäftigen, können wir sehen, wie er in der großen Natur, achtsam und in aller Ruhe, sein Leben erfuhr. Kansan ist in der Zengeschichte nicht so bekannt, doch hat er uns großartige Gedichte hinterlassen. Er ist es wert, dass wir moderne Menschen versuchen zu ergründen, was uns seine Worte sagen möchten.

Der moderne Mensch lebt im Lärm der großen staubigen Stadt. Darum ist es für ihn besonders wichtig, gelegentlich den Gemütszustand des Kansan zu erfahren. Manche üben deshalb Zazen. Zen sollte jedoch auf keinen Fall als Flucht aus der Gegenwart missverstanden werden. Wenn man nur aus seiner Heimat wegläuft, um seinen Pflichten zu entgehen, und sich dabei nicht von Gier, Hass und Unwissenheit losmachen möchte, ist das nicht in Ordnung. Man muss nicht wie Kansan leben, doch ist es notwendig, zu versuchen, sich von den Ursachen des Leidens zu entfernen. Dann erfahren wir diesen klaren Gemütszustand, den er in seinen Gedichten beschreibt.

Wohltat ohne Erwartung

Von Bodhidharma, dem Gründer der Zenschule in China, wird folgende Begebenheit berichtet. (Nachzulesen im Hekigan-roku, Fall Nr. 1, Bodhidharma und Kaiser Liang.)

Der Kaiser war bei seinem Volk beliebt, man achtete ihn als barmherzigen Herrscher. Er war ein gewissenhafter, ernsthafter Buddhist, baute Tempel, ließ die buddhistischen Schriften vervielfältigen, schrieb selbst Sutras ab und hielt sogar Vorträge zu buddhistischen Themen. Als er Bodhidharma begegnete, fragte er ihn: "Bis jetzt habe ich soviel Kraft für den Buddhismus eingesetzt, welchen Lohn werde ich dafür erhalten?"
Bodhidharma antwortete: "Gutes tun, ohne Lohn dafür zu erwarten. Es gibt kein Lob." So wies er den Kaiser auf etwas entscheidendes hin.

Die heutigen Menschen denken auch nur an den augenblicklichen Gewinn. Sie wollen in diesem Leben erfolgreich sein und sich alle Wünsche erfüllen. Doch das Leben besteht nicht nur aus Gewinn (für sich selbst). Jeder möchte immer großartiger, reicher oder besser sein als die anderen. Man möchte eine gute Schule besuchen, in einer großen Firma einen bedeutenden Posten bekleiden, usw. Doch solche Wünsche sind nicht einfach zu erfüllen und stellen auf Dauer nicht zufrieden. Kaum hat man etwas erreicht, wünscht man sich schon das nächste. So ist die Begierde. Wenn ein Mensch für seine gute Tat, die er für seine Familie, seine Schule oder auch für die Gesellschaft erbracht hat, nur seinen eigenen Gewinn oder lobende Anerkennung im Sinn hatte, dann ist sein Geist nicht (mehr) sauber.

Buddha Shakyamuni hat gesagt: "Den ganzen Tag habe ich die Wahrheit gepredigt und immer noch nichts gesagt. Den ganzen Tag habe ich geübt und doch immer noch nicht geübt." Dieser Geist, dieser Gemütszustand ist wichtig, nicht daran zu denken, welche gute Tat man vollbracht hat und wie hoch sie einzuschätzen ist.

In der religiösen Welt (dem spirituellen Bereich) darf man auch nicht nur mit dem eigenen Gewinn zufrieden sein. Im Zen achten wir darauf, uns nicht von irgendwelchen Vorteilen, die uns als Belohnung winken, abhängig zu machen. Ich brauche, erwarte, keine Belohnung! Wenn man das so klar von Herzen sagen kann, ändert diese Haltung das Leben vollständig. Das ist die Grundlage des Geistes auf dem großen Weg. Wenn man diese Einstellung gewonnen hat, kann man den Weg gemütlich gehen.

In Wirklichkeit ist es so: wenn wir alles Überflüssige wegwerfen und leben wie der klare Herbsthimmel ohne Wolken, dann könnten wir ein glückliches Leben führen.

Über junge Leute

Ich muss zugeben, dass wir es unserer Zivilisation und wissenschaftlichen Entwicklung zu verdanken haben, dass wir in einer Zeit leben, die uns materiellen Reichtum und Wohlstand beschert hat. Doch wie sieht es mit unserem Geist und unserem spirituellen Leben aus?

In den vergangenen Jahren haben wir erlebt, wie das Problem der Jugendkriminalität und der Gewalt immer größer wurde. Diese Situation drängt uns die Fragen auf: Hat unsere Erziehung versagt? Was ist "wahre" Erziehung? Das eigentliche Ziel der "Erziehung" sollte sein, die persönliche Entwicklung, Wissen, Gefühl und Willen, aber auch subjektive Lebensart und individuelles Denken zu fördern.

Viele junge Leute haben heute Interesse an Zen. Sie wollen durch die Zenübung zur wahren Humanität erwachen. Zazen ist, Körper, Atem und Geist in Ordnung zu bringen. Jeder kann auf diese Weise verstehen lernen, wie wertvoll dieses einmalige Leben ist. Wer beim Zazen gelernt hat, sein eigenes Herz anzuschauen, wird erwachen und das Ziel des Lebens erkennen. Zen führt zum absolut freien Herzen. Der reine Zen-Geist bewirkt, dass man sich an nichts mehr klammert. Das nennt man "Herz des Mu".

Dieses Zenherz ist nicht passiv, sondern führt zum positiven Handeln aus seiner erwachten schöpferischen Subjektivität heraus. Zen bewirkt das Gegenteil von Mutlosigkeit, Gleichgültigkeit und Unverantwortlichkeit. Zenherz bedeutet auch "mutiger Geist". Unsere Gesellschaft braucht dringend selbstbewußte Menschen. Erziehung sollte auch in diese Richtung zeigen, damit die jungen Leute selbständig werden können.

Wenn die Jugend mit ihrer unverbrauchten, brennenden Energie in sich selbst nach der Wahrheit suchen würde, könnte sie die menschliche Lebensart ändern. Die Zukunft sähe dann sicher besser aus.

Sie sollten einmal beim Zazen ihr reines Herz beobachten und sich diese Mühe nicht ersparen

Was ist Dankbarkeit?

Von Meister Hyakujo Ekai (Paichang Huai Hai, 720-814) stammen die meisten der heute gültigen Regeln für "Zen-Übungsorte". Hyakujo Zenji ist auch berühmt für seinen Ausspruch: "Ein Tag ohne Arbeit ist ein Tag ohne Essen." Er war sehr pragmatisch und schuf mit seinem Regelwerk die Grundlagen der Organisationsstruktur und Selbstversorgung der Zenklöster. Er hat außerdem die Arbeit als Teil der täglichen Zen-Praxis eingeführt.

Ein Mönch fragte ihn einmal: "Was ist das an der Lehre Buddhas, dem man den meisten Dank entgegenbringen muss?"

Es gibt Leute, die sagen, wenn man an etwas glaubt, kann man Krankheiten heilen, geschäftlichen Erfolg erlangen oder reich werden. Auch heute noch glauben viele Menschen an solche Dinge, und es ist sogar wieder modern geworden, an "Religionen mit göttlicher Wunderkraft" zu glauben. Doch sollte man tatsächlich in aller Ruhe überlegen, was dankenswert ist. Welches ist der glücklichste Moment im Leben? Ist man glücklich, wenn man reich wird? Ist ein langes Leben Glück? Ist man wirklich glücklich, wenn man geschäftlichen Erfolg hat?

Saigo Nanshu (ein Politiker aus der Meiji-Zeit) hat dazu gesagt: "Kein Geld, kein Ruf, kein Leben, dann kann man für andere nützlich sein." Wieviele Menschen können so werden, wie er es beschreibt?

Hyakujo Zenji antwortete auf die Frage des Mönchs: "Ganz allein sitze ich gemütlich in meinem Tempel." Ist das nicht ein wunderbares Bild? Hyakujo sitzt alleine in seinem großen Tempel.

Die Zeit wartet nicht auf uns. Sie verläuft so, wie Wasser fließt. Das Gestern kommt nie wieder zurück. Heute, dieser Tag läuft mit jeder Sekunde ab. Morgen ist noch nicht da, ist noch Zukunft. Darum heißt es, "Jetzt" gibt es nur hier! Die Gegenwart ist in diesem Augenblick. In diesem Zeitraum können wir weinen oder lachen. Das ist alles.

Wenn wir dann bemerken, wie wertvoll es ist, gerade jetzt sitzen zu können, dann ist das ja doch das dankenswerteste von allem.

Der Himmel und ich haben dieselbe Wurzel

Die Neuzeit ist die Zeit der Vernunft. Dennoch haben wir viele Probleme, die mit unserer hochentwickelten Vernunft nicht lösbar erscheinen.

Der moderne Mensch liebt die Vernunft. Es mag auch wünschenswert erscheinen, die Vernunft in den Vordergrund menschlichen Handelns zu stellen und sie zu achten. Aber kann man damit zufrieden sein? Sollten wir nicht das berühren, was tief unter der Vernunft verborgen liegt? Lässt man einmal Gewissen, Verstand und Intuition beiseite, dann kann das tief in uns liegende (spirituelle) Selbstbewußtsein erwachen und nach oben steigen. Diese Erfahrung kann man nicht hoch genug schätzen. Deshalb üben wir.
Erst wenn man den großen Tod gestorben ist, kann man zu sich erwachen.
Die alltägliche Vernunft einmal gänzlich verneinen, dann kann man auferstehen. Zuerst sterben, das ist wichtig.

Im Hekigan-roku begegnen wir Setcho Zenji:

Was Du hörend, sehend wahrnimmst, ist kein einziges
Eines,
Berg und Strom in der Betrachtung keine Spiegelung.
Und wenn des Mitternachts der Mond sich neigt im
Himmelsfrost,
kalt aus stillem Teich sein Bild blickt,
wer ist mit dabei?

Hier zeigt er uns die bodenlose, unergründlich tiefe Welt.

Dieser Gemütszustand hat seine Wurzel in der Erkenntnis, dass der Himmel und ich, alle Wesen und das Selbst eine Einheit sind. Es gibt weder ein Ich zu sehen, noch ein Ich zu zeigen. Weder Subjekt noch Objekt existieren für sich alleine. Nur, die Wahrheit steht vor uns, bevor wir zu überlegen beginnen.

Es ist dem modernen, vernunftbegeisterten Menschen zu wünschen, dass er diesen Gemütszustand erfährt. Dann kann er vielleicht verstehen, warum die "Unsui" (Zen-Novizen und -Mönche) im Kloster nachts heimlich von ihren Schlafplätzen aufstehen und sich nach draußen schleichen. Wenn alles schläft, üben sie unter freiem Himmel Zazen. Manche sitzen im Garten oder auf der Veranda vor der Haupthalle. Das nennt man Yaza.

Wenn man vollkommen sitzt, erfährt man: "Wenn des Mitternachts der Mond sich neigt im Himmelsfrost, kalt, aus stillem Teich sein Bild blickt, wer ist mit dabei?"

Wie Zen die Menschen betrachtet

Der Haiku-Dichter Ogiwara Seisensui hat ein Essay über Tofu verfasst. Hieraus möchte ich Ihnen ein wenig vorstellen, da es sehr gut zum Thema Zen passt.

Eine so perfekte Form wie die des Tofu ist eigentlich nirgendwo zu finden. Tofu hat ein viereckiges, verdrießliches Gesicht, aber keinen harten Kopf und er ist auch kein Tölpel. Seine Weichheit ist tadellos und seine Straffheit hält ihn gerade in Form.

Manche sagen von ihm, dass mit ihm nichts anzufangen sei. Doch genau das Gegenteil ist der Fall. Man kann ihn kochen und braten oder kleingeschnitten in die Suppe geben, Soße darübergießen, fritieren oder auch im kalten Winter einfrieren. Was sehr interessant ist, ist, dass Tofu, aufgrund dieser Behandlungsmethoden, einen jeweils anderen Geschmack annimmt. Es gibt kaum jemand wie ihn, da er auch nichts gegen seine nächste Umgebung hat. Im Eintopf sitzt er neben der Meerbrasse, ohne sich zu schämen, und im Sukiyaki-Topf schmort er harmonisch mit dem Hühnerfleisch. In der Noppei-Suppe hat er Rettich und Kartoffeln zu guten Freunden, und im Oden steht er in gutem Einvernehmen mit Konyaku und Chikuwa.

Ob beim Festessen zu Neujahr oder auf einer buddhistischen Fastentafel, überall lässt er sich gerne auf dem Teller sehen. Er ist vielseitig und passt sich überall natürlich an. Vermutlich ist das nur möglich, weil er kein hartnäckiges Selbst hat und er den Zustand des sogenannten Nicht-Selbst erreicht hat. Auch wenn er nirgends Platz erhält, so findet er doch das Leben in seinem Herzen.

Er kennt sich selbst: "Das ist mein Zustand." So sitzt er und ist sich stets bewusst, ob er an diesem Platz bleiben möchte oder nicht. So lebt er aufrichtig in der jeweiligen Situation. Diese natürliche freie Gestalt, das ist Tofu. In der Beschreibung des Tofu erkennen wir die Wesenszüge eines erleuchteten Meisters. Dieser erfährt während seiner asketischen Zenübung tiefgreifende Eindrücke. Er fühlt sich z.B. wie in einer vom Blasebalg angefachten, rotglühenden Esse liegend, dann herausgerissen, von schweren Hammerschlägen bearbeitet. So geht es auch bei der Tofuherstellung. Sojabohnen werden durch eine Steinmühle gedreht, anschließend durch ein Sieb gepresst. So kommt die Tofumasse nur mit Mühe zustande. Wir können seinen Zustand nicht erreichen.

Gerade sehe ich vor meinem Auge mein Abendessen, Tofu im Yudofu-Topf. Ich liebe Tofu, von ihm kann ich viel lernen. Da ist nichts gewürzt. Mit meinen Essstäbchen nehme ich Fudofu, sein wahres Gesicht..........

Sich selbst fragen

Den Menschen könnte man als denkendes Tier bezeichnen. Unter den Tieren ist es vielleicht nur der Mensch, der auf sein Leben Rücksicht nimmt. Ob Hund, Katze, Rind oder Pferd wirklich besser leben als der Mensch, kann man, unter Berücksichtigung ihrer Situation, nicht sagen. Wir können es uns auch nicht vorstellen. Denn wir waren in diesem Leben noch kein Hund, auch keine Kuh oder ein Pferd. Darum wissen wir nicht so genau, was sie fühlen oder denken.

An dieser Stelle möchte ich dieses Thema nicht weiter behandeln und fragen: "Was für ein Tier ist eigentlich der Mensch?" Der Mensch ist ein denkendes Tier. Doch er hat einen Spiegel. Das ist von Bedeutung. Durch diesen Spiegel kann er sein eigenes Gesicht und seinen Körper erkennen. Hat der Mensch diesen Spiegel in sich gefunden, kann er auch über sein Herz nachdenken und seinen tatsächlichen Zustand erkennen. Dafür ist die Fähigkeit des Denkens notwendig. Wenn der Mensch wirklich über seine Existenz nachdenkt, kommt seine Menschlichkeit zum Vorschein.

Worüber soll der Mensch nachdenken? Das ist ein Problem. Jeder denkt irgend etwas. Zum Beispiel kann man seine Gedanken auf die Lehre und Weisheit des Buddha Shakyamuni richten. Seine Weisheit stellt sich als die höchste Form des Denkens dar. Doch wo gibt es diese Weisheit? Wer sie außerhalb seiner selbst suchen würde, fände sie nicht, denn sie lebt im Herzen jedes Einzelnen. Nach dieser Weisheit zu fragen, das ist Zen. Außerhalb des eigenen Herzens gibt es kein Zen.

Der Philosoph, Dr. Kitaro Nishida, der Zen übte, schrieb einmal: "Der Grund meines Herzens ist so tief. Die Wellen von Freude und Trauer gelangen nicht bis zum Boden. Darum ist mein Herz ruhig und gelassen."

Wie lebt man in der Gegenwart?

In der heutigen Zeit ist es notwendig geworden, dass der Mensch sein Leben nach seinen subjektiven Erfahrungen gestaltet und selbständig entscheidet, was gut und richtig ist.
Diese subjektive Entscheidungsfähigkeit muss aber erworben und gefördert werden. Da sich der Mensch als unreif betrachtet, hofft er auf das Morgen. Im Erkennen seiner Unvollkommenheit gibt sich der Mensch große Mühe und beginnt mit Mut und Tatkraft diesen Mangel zu beheben.

Aufgrund seiner Aktivität erkennt der Mensch seine Position innerhalb der Gesellschaft. Er erfährt die Wechselwirkung der gegenseitigen Beeinflussung und beginnt sein Leben neu zu gestalten. Dieser Weg aus der Sackgasse ist jedoch nicht so einfach. In seinem Inneren findet der Suchende nicht nur Sonnenschein, sondern auch Dunkelheit, Traurigkeit und Schmerzen. Er bekommt Probleme, denn er möchte etwas schaffen und erreichen. Er trägt viele Träume und Wünsche in sich und muss erkennen, dass sich nicht alle verwirklichen lassen. Solange er an seinen Vorstellungen haftet, lassen sich seine Probleme nicht lösen.

Nach einiger Zeit weiß der Mensch nicht mehr, was er tun soll. Am liebsten würde er weglaufen. Doch wohin? Er erkennt: Weglaufen nützt nichts! So denkt er ständig über seine Probleme nach und behandelt sie mit Gleichmut und Entschlossenheit.

Es gibt Felsen und Wurzeln,
die fest an ihrem Platz sitzen.
Wasser ist anders,
es fließt überall.

Das Wasser, das in Rinnsalen von den Bergen kommt, fließt über alle Hindernisse hinweg und immer weiter. Anfangs war das Wasser nicht sauber. Der Regen, der sich über die Berge ergossen hatte, spülte Erde und Steine mit sich, floss über Felsen und durch Baumwurzeln. Doch auf seinem Weg nach unten wurde das Wasser ganz natürlich immer sauberer. Diese Rinnsale werden zum Bach und zum Strom.

Mit dem Menschen ist es ebenso. Aufgrund seiner verschiedenen schwierigen Erfahrungen wird er selbständig. Er kann nicht alleine leben. Er hat Familie, Schule und Arbeit. Doch innerhalb der Gesellschaft möchte er sein Leben frei und unabhängig gestalten. Dabei sollte sein Geist den gesellschaftlichen Bedürfnissen entgegenkommen.

Die Weisheit verwirklichen

Im Zen sagt man, dass es von grundlegender Wichtigkeit ist, Kälte und Wärme selbst zu erkennen. Niemand kann anhand einer Erklärung verstehen, wie heiß oder kalt das Wasser ist. Will man wirklich spüren und wissen, dann ist es notwendig, die eigenen Finger ins heiße oder kalte Nass zu tauchen. Dann erst erfährt man, wie heiß oder kalt das Wasser gerade ist. Im Zen ist es auch so. Will man sich seiner selbst bewusst werden, muss man selbst in sich hinein tauchen.

Es ist egal, wie oft und lange ein Schüler Unterricht von seinem Meister bekommen hat. Solange er keine eigene Erfahrung besitzt, ist all dieses Wissen oberflächlich, denn es ist nicht sein eigenes. Zen muss man selbst suchen und selbst finden. Zen lehrt ohne Worte, ohne Theorie und achtet nicht auf weihevolles Gehabe und eingebildete Gedanken.

In einer seiner letzten Reden an seine Schüler hat Buddha Shakyamuni erklärt: "Seid euer eigenes Licht, seid eure eigene Zuflucht, nehmt bei niemand anderem eure Zuflucht! Die Lehre sei eure Zuflucht, nehmt zu nichts anderem Zuflucht!"

Die Lehre des Buddha, der vor ca. 2500 Jahren in Indien lebte, ist die Grundlage aller buddhistischen Schulen. Zen-Schüler sollten die Lehre Buddha Shakyamunis kennen und sich im täglichen Leben an ihr orientieren.

Zen führt seinen Ursprung auf Buddha Shakyamuni zurück. Er erfuhr seine Erleuchtung während seiner asketischen Übung im Hocksitz. Buddha bedeutet "erwachter Mensch", einer, der die Weisheit erlebt und verwirklicht hat. Diese Erleuchtung ist nicht nur Shakyamuni Buddha vorbehalten, sondern ist allen Menschen zu eigen. Ohne Zen-Samadhi wäre er niemals zur Wahrheit erwacht und wäre nicht fähig, sie darzulegen. So lange wir ohne Zen-Samadhi sind, werden wir viele Sutren nicht verstehen.

Im Zen hängt man nicht an Worten und Schriften. Wir müssen den Weg des Shakyamuni Buddha gehen, um auf die gleiche Stufe seiner Erfahrung zu gelangen. Er dient uns als Vorbild und seine Lehre ist uns Wegweiser. Denn im Zen wurde seine Lehre von Nachfolger zu Nachfolger bis zum heutigen Tage weitergegeben. Das Buddha-Dharma ist das Gesetz des Herzens. Es wirkt zu allen Zeiten unendlich weiter.

Das alltägliche Herz

Im Mumonkan finden wir einen bemerkenswerten Ausspruch: “Das alltägliche Herz ist der Weg!” Das heißt, der Weg offenbart sich in unserem gewöhnlichen Herzen. Das Herz wird fähig, den Weg in sich zu erkennen.

Zen ist Grundlage für verschiedene Künste, die sich zu “Wegen” entwickelt haben. Unter anderem gibt es den Tee-Weg (Chado), den Blumen-Weg (Kado), den Kalligraphie-Weg (Shodo), den Schwert-Weg (Kendo/Iaido), den Bogen-Weg (Kyudo). Im Zenverständnis bedeutet “Weg” Herz oder Geist.

Es reicht nicht, wenn man beim Teeweg oder Blumenweg nur auf Technik und Material achtet. Man lernt nichts, wenn man nur auf Äußerlichkeiten Wert legt. Es ist notwendig, den Geist des Weges zu berühren. Das natürliche Herz ist der Weg.

Nun fragen wir uns jedoch nach dem Sinn des Lebensweges.
“Was ist der Weg?” Nansen Zenji antwortete: “Das alltägliche Herz ist der Weg.” Dieses Herz zeigt sich uns jedoch nicht so einfach. Selbst wenn wir verstanden haben, heißt das nicht, dass wir unser alltägliches Herz leben.

Unser eigenes Herz im Alltagsleben zu erfassen und zu verwirklichen, das ist gemeint. Wir erfahren dann den wunderbaren Gemütszustand des Meister Nansen, als er auf diese Frage antwortete. Diese Antwort ist so natürlich und klar wie ein Bergbach. Das alltägliche Herz ist kein schmutziges Herz, denn es ist ursprünglich rein. "Natürlich" heißt auch nicht, dass man seine egoistischen Triebe auslebt und tun und lassen kann, was man will. Der Weg hat seine Gesetzmäßigkeiten und Leitlinien. Er führt in ein alltägliches Leben ohne Probleme. Um jedoch dahin zu gelangen, benötigt es ununterbrochener Mühe und asketischer Übung. Keine Sekunde nachlässig sein! Sonst ist es unmöglich, dieses Herz zu erreichen.

Das Herz auf der Suche nach der Wahrheit

Das Leben in unserer modernen Gesellschaft erfordert ein Herz, das ständig auf der Suche nach der Wahrheit ist. Egal wie weit die Wissenschaft voranschreitet und sich unsere Zivilisation weiterentwickelt, der Grund für alles bisher erreichte ist im menschlichen Geist zu finden. Menschen mit vollendetem Geist sind sich ihrer selbst bewusst und besitzen natürliche Autorität. Selbst im Alltag, bei den banalsten Verrichtungen, sind sie präsent und bieten der Nachlässigkeit keine Lücke.

Die Alten sagten dazu: "Wenn du auf dem Weg einem Meister begegnest, solltest du schweigen." Niemand weiß, wo und wann man einem Meister begegnet. Selbst in lockerer Atmosphäre, wenn man in guter Stimmung plaudert, kann es passieren, dass man von einem anderen "durch und durch" durchschaut wird und man seine eigene Schande erkennen muss. Schweigen ist der größte Schatz (die beste Übung). Dieses Schweigen sollte jedoch echt sein. Es ist etwas ganz anderes und hat nichts damit zu tun, wenn jemand aus Feigheit, Gleichgültigkeit oder Gefühllosigkeit den Mund geschlossen hält.

Daito Kokushi sagte: “Jeden Tag sollte man an die Grenze des Unmöglichen gelangen und diese Situation gründlich erforschen.” Wer mit dieser Haltung Zen übt, merkt bald: “Pfeilschnell fliegt die Zeit dahin. Nur mit Achtsamkeit kann man verhindern, dass man sich in weltlichen Gedanken verliert.” Die Zeit kommt nie wieder zurück, wie fließendes Wasser. Mit dem Leben ist es genau so. Darum ist das “Heute” und das “Jetzt” so wichtig. Wie man in diesem “Jetzt” lebt, das ist entscheidend. Humanität kommt dann zum Vorschein, wenn man mit aufrichtigem Herzen nach der Wahrheit sucht.

Von Rinzai Zenji stammt folgender Spruch: “Niemand kann von Geburt an den Weg begreifen. Erst nach asketischer Übung versteht man den Weg.” Fließendes Wasser verfault nicht. Das heißt, man darf nicht aufhören, nach der Wahrheit zu suchen, auch wenn es schwierig werden sollte. Wer diesen Lebensweg voll Mut und Tatkraft geht, dem öffnet er sich. Und so erfährt er die Weisheit des unbegrenzten Herzens. Dies ist sehr wichtig für unsere (moderne) Zeit.

Die Ehrfurcht vor dem Leben

Das buddhistische Indien war ein Paradies für Tiere. Kühe, Schweine, Ziegen oder Hunde waren den Menschen kein Ärgernis. Sie lebten gut zusammen. Diese Atmosphäre existiert vielleicht auch heute noch in Indien. Alle Lebewesen achten, nicht töten, das ist eine sehr gute Sache. Wie wunderbar ist es, sich mit solchen Gedanken zu beschäftigten.

Albert Schweitzer arbeitete als Arzt in Afrika. Er hat den Menschen "diese besondere Ehrfurcht vor dem Leben" nähergebracht und vorgelebt. Dies schätzte er besonders an den "östlichen" Religionen, die aus Indien stammen. Im September 1915 befand er sich während eines Sonnenunterganges in seinem Boot auf dem Ogone-Fluss. Inmitten einer Herde von Flusspferden überraschte ihn die Erfahrung "der Ehrfurcht vor dem Leben". Seit diesem Tage schätzte er alles Leben noch höher.

Wer weiß, wie wertvoll das Leben ist, achtet alle Lebewesen. Aus dieser Achtung entwickelt sich die Haltung, alles Leben zu schützen, nicht zu töten oder zu verletzen. Hier zeigt sich das Mysterium, das östlicher Philosophie und östlichem Denken zu Grunde liegt.

Das Problem des Lebens und des Todes besteht schon seit undenklicher Zeit und wird sich vermutlich ins Unendliche fortsetzen.

Im Namen Buddha Shakyamunis ist niemals ein Krieg geführt worden. (Wir finden in der Lehre des Erhabenen keine Aussage und keine Grundlage, die Hass, Gier, Unwissenheit und die daraus hervorgehenden Taten rechtfertigen oder fördern würde.) Er achtete alle Wesen. Für uns heutige Menschen ist es am wichtigsten, dass wir auf unserer Erde keine Kriege mehr stattfinden lassen und "die Ehrfurcht vor dem Leben" als wichtigsten Gedanken in uns tragen.

Ein Tropfen Wasser

Als Giboku 9 Jahre alt war, wurde er Mönch und begann im Ryushoji in Kyoto mit seiner Ausbildung. Nach zehn Jahren asketischer Übung wollte er sein Kloster verlassen und durch Japan pilgern. Sein Meister war jedoch nicht mit seinem Vorhaben einverstanden. Da er gerne andere Klöster und Meister besuchen wollte, beklagte er sich bei den Gläubigen seines Klosters und erzählte ihnen von seinen Plänen. Ein alter Mann hatte großes Mitleid mit ihm und wollte ihn unterstützen. "Wenn man Mönch geworden ist, dann ist es selbstverständlich sehr wichtig, dass man sich auf Pilgerschaft begibt und sich weiterbildet. Gerne bezahle ich für Sie die Reisekosten und Sie können sich auch gleich auf den Weg machen. Aber eines mache ich zur Bedingung. Wenn Sie diesen Tempel verlassen haben, kommen Sie bitte nur als großartiger Osho zu uns zurück."

Giboku schwor den Gläubigen, dass er diesen Ort nie wieder betreten würde, falls seine Pilgerreise keinen (spirituellen) Erfolg hätte.
Auf seiner Wanderschaft kam er in das Zenkloster Sogenji nach Okayama. Dort wurde er Schüler von Gisan Zenrai Zenji (gest. 1877), einem hervorragenden Zenmeister, der für seine Strenge und Genauigkeit berühmt ist.

Folgende Geschichte wird erzählt:

An einem Sommerabend nahm Meister Gisan ein Bad. Da das Wasser zu heiß war, rief er nach Giboku und trug diesem auf, kaltes Wasser zu holen. Giboku schleppte vom Brunnen Wasser heran und goß es in die Wanne. Als diese voll war, schüttete er den Rest gedankenlos auf den Boden. In diesem Moment fuhr ihn Meister Gisan barsch an: "Idiot! Jedes Ding ist verwendbar, ob groß oder klein. Warum hast du das verschüttete Wasser nicht für irgend etwas benützt? Mit jeder noch so geringen Menge Wasser kann man den Garten gießen. Warum konntest du es nicht für das Leben einer Pflanze, eines Baumes oder einer Blume verwenden? Verstehst du denn nicht, was "verborgene Wohltat" heißt? Du unmoralischer Mönch!"

Von diesem Tag an änderte sich Giboku. Um seine Achtung auszudrücken, die er jedem Tropfen Wasser entgegenbrachte, nannte er sich von da an "Tekisui" – ein Tropfen Wasser.

Auf seinem Sterbebett sagte er:

Sogens ein Tropfen.
Etwa 70 Jahre lang versuchte ich, mich nützlich zu machen.
Ich lebte im Einklang mit der Erde und dem Himmel,
um diese Lehre zu verwirklichen.
Aber noch immer ist es nicht genug.

Die Lehre seines Meisters hatte so stark in ihm gewirkt. Das ist großartig. Der asketisch übende Schüler sollte ihn sich zum Vorbild nehmen. Besonders in unserer Zeit sollte man von “einem Tropfen Wasser” lernen. Denn wir denken immer noch nicht genug darüber nach, wie wir uns nützlich machen können.

Mu Sei Shi
(Mu - Tod – Leben)
Kalligraphie von Hozumi Gensho Roshi

Das Herz des Teeweges

Im "Nanporoku", einem Lehrbuch über den Teeweg, finden wir eine wichtige Aussage des Teemeisters Sen no Rikyu: "Selbst eine Teezeremonie im kleinsten Raum ermöglicht es, die Lehre Buddhas asketisch auszuüben. Auf prunkvolle Einrichtung eines Teeraumes oder Teehauses Wert legen oder nur für außergewöhnlich gute Speisen Interesse haben, das ist weltlich. Es reicht doch vollkommen aus, wenn es nicht ins Haus hineinregnet. Mit dem Essen vermeiden wir, dass wir verhungern. Das ist Buddhas Lehre und der Sinn des Teeweges. Wer eine Teezeremonie abhalten möchte, sollte Wasser bringen, Brennholz und Holzkohle besorgen, das Wasser kochen, Tee machen und diesen Tee Buddha und anderen Leuten reichen, selbst trinken, Blumen stecken, Räucherwerk anzünden. So lernt man zu erkennen, was im Buddhismus vor sich geht."

Wer dies liest, bemerkt vielleicht, dass hinter dem Teeweg ein tiefer Geist steht.

Die Wohnung sollte nicht prachtvoll (überladen) sein, sondern einfach und funktionell gestaltet. So wie es wichtig ist, dass das Dach einer Hütte regendicht ist. Auch beim Essen sollte man sich nicht nur immer etwas besonderes wünschen und zufrieden sein, wenn man genug zu essen hat.

Man geht auf den Berg, Holz holen, besorgt frisches Wasser, bringt es zum Kochen und macht mit ganzem Herzen Tee. Zuerst bekommt Buddha Tee, dann bereitet man den anderen Anwesenden Tee und schließlich trinkt man selbst. Im Raum steht eine Vase mit Blumen. Die Luft ist erfüllt von edlem Räucherwerk. Diese Handlung führt zum Grund der buddhistischen Lehre. Auch die Reihenfolge ist zu beachten.

Heutzutage betrachten die Menschen ihr Selbst als den Mittelpunkt. Es täte uns jedoch gut, wenn wir wieder bescheidener würden und uns nicht immer in den Vordergrund drängen wollten.

Der Tee-Geist achtet vier Prinzipien: Wa, Kei, Sei, Jaku. Wa, das Herz des Friedens und der Harmonie ist ohne Ego. Kei, Achtung und Wertschätzung für alles Dasein und Lernen von anderen. Sei, das reine Herz, steht für rechte Handlung und rechten Lebenserwerb, sowie für gutes Gewissen. Jaku, Stille, selige Ruhe, ist das wichtigste auf dem Teeweg. Sie ist "Mushin", das erwachte Buddhaherz. Man kann sagen, dass mit (der Wahrnehmung) der Stille die Teewelt existent wird.

Weisheit des Ostens

Indien! Große Felder und gewaltige Flüsse, unendlich lange und breite Straßen. Eine grandiose Natur. Dies mögen Gründe sein, warum Inder keine Probleme mit Kleinigkeiten haben und sich nicht über jede Lappalie ärgern. Die Weisheit des Ostens, in unendlich langer Zeit zur Tradition gewachsen, zeigt sich in der Heiterkeit des Geistes. Das bedeutet jedoch nicht, dass man einfach alles und jeden akzeptieren kann und muss. Natürlich hat jeder noch seinen subjektiven Geist, jedoch ist es möglich, die Meinung anderer zu verstehen und zu tolerieren. Aus Indien kommen großartige Menschen wie Gandhi, Tagore, Nehru und andere. Das Leben in diesem wunderbaren Land ist sehr ärmlich, jedoch sehr dynamisch.

Bei uns herrscht eine andere Armut. Der Mensch, der alles bekommen hat, was er sich gewünscht hat, ist arm. Die starke Entwicklung unserer Zivilisation hat den Verlust der einfachsten menschlichen Gefühle zur Folge. Die menschliche Gier nach Materie hat ihre Opfer gefordert. Es sieht so aus, als sei der moderne Mensch wie eine zarte Wiesenblume, die in einem Gewächshaus großgezogen worden ist. Er hat keinen Mut mehr und keine Geduld, nichts mehr von dem, was das wilde Gras braucht, um in der Kälte zu bestehen. Es ist offenbar geworden, dass sich die Menschen, trotz ihres Verstandes und ihrer Vernunft, ihrer eigenen Lebensgrundlagen berauben, und das, obwohl sie die Fähigkeit haben, ihre eigenen Grenzen zu überwinden.

Der moderne Mensch sollte sich mit der östlichen Weisheit beschäftigen und mit einem tieferen Gefühl und mutigem Willen leben.

Takuhatsu (Traditioneller Bettelgang)

Die Welt und das Schweigen

Ein wirklicher Künstler braucht langes Schweigen, bevor er ein Werk vollendet. Man kann auch sagen, dass aus dem Schweigen Kunst geboren wird. Wir Menschen betrachten solche Kunstwerke ohne Worte.

Der berühmte Steingarten des Ryoanji in Kyoto ist eine vollkommene Schönheit des Schweigens. Wer sich in diesen Garten setzt, ruhig wird und schaut, dem kommt es so vor, als ob der Garten mit ihm sprechen würde. Tatsächlich findet in diesem Garten eine Unterhaltung im Schweigen statt. Dazu braucht man gar nichts zu erklären. Natürlich hatte der Gestalter der Anlage Kunst und Religion in hohem Maße verwirklicht. Mit jedem Stein hat er seine Gedanken und Gefühle auszudrücken vermocht. Dies berührt auch uns heutige Menschen. So müssen wir solchen Vorgängern dankbar sein, dass sie uns solche Kunstwerke hinterlassen haben. Zenkunst findet man nicht nur in Gärten, sondern auch in Bauwerken und in der Malerei. Die Innenräume in den Zentempeln und die Teezimmer sind dafür ausgezeichnete Beispiele. Die Harmonie der "Raumkunst" überträgt sich auf die Anwesenden. Der Holzbau vermittelt mit seinem Duft die Verbindung zur Natur und zeigt mit seinen Jahresringen die Zeit an. Manchmal steht man eine Weile vor solch "alten Sachen" und bringt nicht einmal ein Wort der Bewunderung heraus. Tief und schwer erahnen wir die Geschichte.

Auch die Tuschemalerei ist wunderbar. Manches Gemälde reinigt das Herz des aufrichtigen Betrachters. Bei solchen Bildern hat man keine Worte mehr, da gibt es nichts zu sagen. Die Kalligraphien der Zenmönche zeigen uns Tiefe. Das Schweigen ist das wichtigste in der Kunst und in der Religion. Im Zendo zeigt uns das Zazen die Tiefe des Schweigens. Im Schweigen artikuliert sich der aktive und mutige Zengeist. Wir spüren unsere Lebenskraft. Dort beginnt Zazen. Wer ohne die Erfahrung des Schweigens spricht, dessen Worte haben keine Bedeutung. Bei sinnvoller (rechter) Rede kann man erkennen, ob der Sprecher das Schweigen achtet.

Sitzen in der Nacht

Die Dachziegel sind feucht geworden
vom Tau der Nacht.
Der Mond spiegelt sich darauf.
Oh, wie schön!
Ich übe Yaza mit meinen Freunden,
den Sternen.
Ist das Religion?
Ist das Kunst?

Loblied auf das Leben

Der Friede kommt nicht durch Theorie.
Zu viele Menschen sind im Krieg gestorben.
Diese Trauer, diese Schmerzen
sind noch immer wahrzunehmen.
Egal wie laut man schreit,
so kommt kein Frieden zustande.
Die Wiesenblumen und die kleinen Insekten
haben Leben.
Jedes Leben muss man achten,
woher sollte sonst Frieden kommen?

Schneewind

Seht euch diese wilden Blumen an!
Sie halten im eisigen Schneewind aus.
Seht euch diese großen Bäume an!
Wie viele Stürme haben sie durchgemacht.
Blumen und Bäume haben ihre starken Wurzeln
in der Erde ausgebreitet.
Ich wünsche mir,
dass die Menschen nicht nur herumrennen,
um ihre Eitelkeiten zu befriedigen,
sondern dass sie auf ihre eigenen Füsse schauen
und sich um ihr wahres Selbst kümmern.
Für ein besseres Leben.

Der Weg des Zen

Was ist der Mensch?
Was bin ich?
Was ist denn das Leben?
Was ist das?

Einmal fragt ihr fest entschlossen!
Wenn ihr dann Probleme bekommt,
seid ihr traurig.
Das ist sehr gut so!

Jedes Leben ist einmalig,
es kommt so nie wieder.
Wecken wir uns für das religiöse Erwachen.
Darin liegt der Zenweg.

Zazen

Der 6. Patriarch, Eno Daikan Zenji, sagte:

An der Grenze von Gut und Böse,
ohne Gedanken zu produzieren,
zu sitzen, das ist Za.

Nach innen schauen,
in sich ruhend, unbewegt,
das ist Zen.

Ku Soku Sei Jiki
(Leere ist Form)
Kalligraphie von Hozumi Gensho Roshi

Maka Hannya Haramita Shin Gyo

Großes Prajna Paramita Sutra (Herzsutra)

Der Bodhisattva Avalokiteshvara (jap.: Kannon) erkennt klar, daß die fünf Skandhas alle zusammen leer sind und rettet so alle, die leiden.

Oh Shariputra, Form ist nicht verschieden von Leere und Leere ist nicht verschieden von Form. Form ist einfach Leere und Leere ist einfach Form. Dies trifft genauso zu für Gefühl, Wahrnehmung, Wollen und Bewußtsein.

Oh Shariputra, alle Dharmas sind leere Erscheinungen, sie entstehen nicht und vergehen nicht, sie sind nicht unrein und nicht rein, nicht zunehmend und nicht abnehmend. Aus diesem Grunde gibt es mitten in der Leere keine Form, kein Gefühl, keine Wahrnehmung, kein Wollen und kein Bewußtsein; kein Auge, kein Ohr, keine Nase, keine Zunge, keinen Körper und keinen Geist; keine Farbe, keinen Geschmack, keine Berührung und kein Dharma, keinen Bereich des Bewußtseins, kein Unwissen, kein Altern und kein Sterben und auch kein Aufhören von Altern und Sterben, kein Leid und auch keine Ursache des Leidens, kein Aufhören und auch keinen Weg dahin, keine Verwirklichung und auch kein Erreichen, weil es nichts zu erreichen gibt.

Der Bodhisattva, der sich auf die Prajna Paramita stützt, ist im Herzen unbehindert von Furcht, und weil er unbehindert von Furcht ist, ist er unerschrocken und läßt alle Illusionen hinter sich und erlangt schließlich Nirvana.

Die Buddhas der drei Zeiten stützen sich auf die Prajna Paramita und erlangen so den Zustand vollkommenen Erwachens.

Deshalb erkenne dieses Prajna Paramita als das große heilige Mantra, als das Mantra erhabener Weisheit, als unübertreffliches Mantra, als unvergleichliches Mantra, das alles Leiden auslöschen kann. Es ist die Wahrheit ohne Falsch.

Deshalb rezitiere das Prajna Paramita Mantra so: Geht, geht, geht hinaus, über alle Grenzen hinaus ins vollkommene Erwachen. Gesang der Weisheit.

Hozumi Gensho Roshi

Zum Autor

Hozumi Gensho Roshi wurde 1937 geboren. Bereits 1944 kam er in den Tokoji Zentempel. Er studierte Buddhologie, insbesondere Zen-Philosophie an der Hanazono Universität. Einer seiner Lehrer war Hisamatsu Shinichi, seinerseits Schüler von Nishida Kitaro, dem Begründer der Kyoto-Schule.
Nach Beendigung des Studiums trat Hozumi Roshi in den Shofukuji ein und übte dort 12 Jahre lang Zazen unter Yamada Mumon Roshi. Anschließend studierte er unter Omori Sogen Roshi weiter. Sowohl Yamada Mumon Roshi als auch Omori Sogen Roshi setzten sich für einen Dialog zwischen den Religionen ein. Hozumi Gensho Roshi ist 83. Patriarch in der Rinzai-Traditionslinie nach Buddha Shakyamuni.
Hozumi Roshi arbeitet an der Hanzono-Universität, an deren religiösen Fakultät er stellvertretender Dekan ist. Zudem leitet er dort das Zendo mit etwa 200 Plätzen, das für alle offen ist, unabhängig von der Religionszugehörigkeit. Zusätzlich ist er Professor an der Ryukoku Universität Kyoto. Er leitet den Tokoji Zentempel und gründete das Kyoto Kokusai Zendo (International Zen-Center Kyoto). Seit vielen Jahren ist Hozumi Roshi im Auftrag der Rinzai-Schule und in Nachfolge seiner Lehrer am spirituellen Austausch und interreligiösen Dialog maßgeblich beteiligt.

Zu den Übersetzern

Toshiko Miyazaki ist Chado- und Kadomeisterin der Sekishu-ryu. Mit Erlaubnis von Großmeister Iemoto Katagiri Sadamitsu lehrt sie seit 1982 in Deutschland. Sie ist seit 1985 Schülerin von Hozumi Gensho Roshi und seine Übersetzerin.

Dorin Genpo Osho übt seit 1977 Zen und ist seit 1985 Schüler von Hozumi Gensho Roshi. Seine formelle Ausbildung zum Zenpriester erhielt er bei Nishikata Tansetzu Roshi im Kloster Enpukuji in Kyoto. Im Auftrag von Hozumi Roshi leitet er den Rinzai Zentempel Bodaisan Shoboji in Dinkelscherben und die Hakuin-Zen-Gemeinschaft Deutschland e.V.

Übungsstätten

Kyoto Kokusai Zendo
c/o Tokoji Rinzai Zentempel, Hozumi Gensho Roshi
621-0027 Kyoto-fu, Kameoka-shi, Sogabe-cho, Inukai
Tel./Fax: 0081-771-23-1784
Email: Genpo-HR-Doering@t-online.de
Internet: http://www.kaiser-bischof.de/shoboji

Bodaisan Shoboji Rinzai Tempel
Dorin Genpo Osho (H. R. Döring)
Burggasse 15, D-86424 Dinkelscherben
Tel.: 08292/3116, Fax: 08292/3325
Email: Genpo-HR-Doering@t-online.de
Internet: http://www.kaiser-bischof.de/shoboji

Weitere Informationen über Hozumi Gensho Roshi und den Bodaisan Shoboji finden Sie in der ‚**ZENSHIN – Zeitschrift für Zenbuddhismus**', herausgegeben von der Hakuin-Zen-Gemeinschaft Deutschland e.V., dem Trägerverein des Bodaisan Shoboji, Burggasse 15, 86424 Dinkelscherben, Tel./Fax: 08292/901385, email: Stefan. Lansmich@mail.isis.de.

Meditationsbedarf (Versand, Prospekt) erhältlich bei:

Japan-Import und Versand
Ustersbacher Str. 9
86424 Dinkelscherben
Tel.: 08292/90 13 83, Fax: 08292/90 13 84

ZEN Verlag für Zen-Buddhismus
dition

Ebenfalls im Verlagsprogramm:

Bereits erschienen:

Buddhistischer Spruchkalender für jeden Tag

Der Abreißkalender hat für jeden Tag ein Zitat eines buddhistischen Meisters, aus buddhistischen Sutren oder anderen Texten, sowie Zitate verwandten Inhalts. Der Kalender zeigt buddhistische Feier– und Gedenktage verschiedener Traditionen (z.B. Theravada, Vajrayana, Zen) an, sowie die gesetzlichen Feiertage in Deutschland.
105 x 148 mm, DM 24,80

In Vorbereitung:

- Japanische Märchen für Kinder
- Sutrenbuch für die tägliche Rezitation (mit Übersetzungen)
- Kalligraphie-Übungsblöcke

Wenn Sie über Neuveröffentlichungen von Hozumi Gensho Roshi informiert werden möchten, schreiben Sie bitte an:

Zen-Edition: Verlag für Zen-Buddhismus
Lehmgrubenstr. 45
D-97299 Zell am Main